BEI GRIN MACHT SICH IHR WISSEN BEZAHLT

- Wir veröffentlichen Ihre Hausarbeit, Bachelor- und Masterarbeit

- Ihr eigenes eBook und Buch - weltweit in allen wichtigen Shops

- Verdienen Sie an jedem Verkauf

Jetzt bei www.GRIN.com hochladen und kostenlos publizieren

Bibliografische Information der Deutschen Nationalbibliothek:

Die Deutsche Bibliothek verzeichnet diese Publikation in der Deutschen National-bibliografie; detaillierte bibliografische Daten sind im Internet über http://dnb.d-nb.de/ abrufbar.

Impressum:

Copyright © 2019 GRIN Verlag
Druck und Bindung: Books on Demand GmbH, Norderstedt Germany
ISBN: 9783346159557

Dieses Buch bei GRIN:

https://www.grin.com/document/541231

Janik Loges

Smart Data. Macht Qualität den Unterschied?

GRIN Verlag

GRIN - Your knowledge has value

Der GRIN Verlag publiziert seit 1998 wissenschaftliche Arbeiten von Studenten, Hochschullehrern und anderen Akademikern als eBook und gedrucktes Buch. Die Verlagswebsite www.grin.com ist die ideale Plattform zur Veröffentlichung von Hausarbeiten, Abschlussarbeiten, wissenschaftlichen Aufsätzen, Dissertationen und Fachbüchern.

Besuchen Sie uns im Internet:

http://www.grin.com/

http://www.facebook.com/grincom

http://www.twitter.com/grin_com

FOM Hochschule für Ökonomie und Management

Hochschulzentrum Nürnberg

Hausarbeit

im Studiengang Wirtschaftsingenieurwesen

Bachelor of Science (B. Sc.)

Über das Thema

Smart Data – macht Qualität den Unterschied?

Erstellt von

Janik Loges

Abgabedatum: 2019-12-27

Inhaltsverzeichnis

Abbildungsverzeichnis III

1. Einleitung 1

1.1 Problemstellung 2

1.2 Ziel der Arbeit 2

2. Definition zentraler Begriffe 2

2.1 Big Data 2

2.2 Smart Data 3

3. Big Data wird zu Smart Data 4

4. Herausforderungen an Smart Data 8

4.1 Datensicherheit 8

4.2 Rechtlicher Rahmen 9

5. Potenzielle Anwendungsbereiche 10

5.1 Smart Energy 10

5.2 Smart Mobility 11

5.3 Industrie 4.0 13

6. Handlungsempfehlung 14

7. Schluss 15

Literaturverzeichnis 18

Abbildungsverzeichnis

Abbildung 1: Augmented Reality 7

Abbildung 2: Mixed Reality... 7

Abbildung 3: Big Data wird zu Smart Data 8

Abbildung 4: Smart Watts Bedienoberfläche 11

Abbildung 5: Fahrkombination UbiGo 12

Abbildung 6: Sensorik BMW Group 14

1. Einleitung

Ob es die Fehlermeldung einer Maschine, ein Suchbegriff im Internet oder ein Like in einem Sozialen Netzwerk ist, jede noch so kleine Spur an Daten wird in dem heutigen Zeitalter aufgesogen und abgespeichert. Was früher das Öl darstellte, sind im 21. Jahrhundert die Daten (vgl. Bräutigam, Daten sind das Öl des 21. Jahrhunderts, 2014). So werden Unmengen an Daten, sogenannte Big Datas abgespeichert und weiterverwendet. Um jedoch diese riesige Menge an Daten effektiv einsetzen zu können, muss zwischen wichtigen und unwichtigen Informationen unterschieden werden. Die sogenannte Smart Data wird hierbei als Endprodukt angestrebt. So verhält es sich mit den Daten wie bei der Ölgewinnung. Erst durch zahlreiche Verarbeitungsschritte kann ein Nutzen erzeugt werden.

So wurde der Umsatz für das Jahr 2017 mit Big-Data-Lösungen auf weltweit 50 Milliarden Euro abgeschätzt (vgl. BMWi, Smart Data–Innovationen aus Daten, 2017). Bietet man dem Unternehmen eine Steigerung des Nutzens in Form von Smart Data an, wird eine weitaus höhere Umsatzzahl zu erwarten sein. Experten gehen davon aus, dass im Jahr 2025 Smart-Data-Lösungen einen Umsatz von 85 Milliarden Euro erzielen werden. Ganz zu schweigen von dem enormen Nutzengewinn, der entstehen wird (vgl. BMWi, Smart Data–Innovationen aus Daten, 2017, S. 3).

In dieser Hausarbeit wird das Thema Smart Data beleuchtet. Zu Beginn wird die Problemstellung sowie das Ziel dieser Hausarbeit aufgezeigt. Um dem Leser ein fundamentales Wissen über die Begriffe Big Data und Smart Data anzueignen, werden diese als zentrale Begriffe definiert und erläutert. Nachdem sich der Leser ein Grundwissen angeeignet hat, geht es in die Entstehung von Smart Data. Hier wird der Weg von Big Data zu Smart Data in 4 Schritten aufgezeigt. Diese 4 Stufen setzen sich aus der Datenerhebung, dem Datenmanagement, der Datenanalyse und der Datenvisualisierung zusammen. Nachdem der Leser das Wissen über die Entwicklung von Smart Data erlangt hat, werden die Herausforderungen in Bezug auf die Datensicherheit und den Rechtlichen Rahmen von Smart Data aufgezeigt. Anschließend werden 3 potenzielle Anwendungsbereiche von Smart Data aufgeführt. Diese sind Industrie 4.0, Smart Energy und Smart Mobility. Hierbei wird ein Überblick über den Bereich verschafft und je ein Praxisbeispiel aufgeführt. Zuletzt wird noch eine Handlungsempfehlung in Bezug auf Smart Data entwickelt und die Hausarbeit anschließend mit einem Schluss beendet.

1.1 Problemstellung

Das Problem von Big Data steckt schon im Namen. Too Big to use trifft es ganz gut. Die Sammelleidenschaft der Konzerne im Bereich von Big Data stellt insoweit ein Problem dar, dass mehr als 80 Prozent der Daten keine Relevanz besitzen, unstrukturiert sind und bei der eigentlichen Big Data Analyse zum Verstopfen der Data Lakes und Datenbanken führt (vgl. Beier, Von Big Data zu Smart Data, 2018). Wesensmerkmale von Big Data sind eine sehr große Datenmenge, ein großes Datenwachstum und eine geringe Informationsdichte bei einer großen Vielfalt an Datenformaten und Datenquellen (vgl. Meinel/ Schneiss, Smart Data – Potenziale und Herausforderungen, 2015, S. 3). Hier liegt auch das Problem von Big Data. Es werden zwar riesige Mengen an Daten gesammelt, die einen enormen Erkenntniswert für ein Unternehmen erzielen könnten, jedoch ist die effektive Informationsausbeute ziemlich gering. Nun kommt Smart Data ins Spiel. Es soll dieses Problem aushebeln und den Umgang und den Einsatz der Daten smarter gestalten.

1.2 Ziel der Arbeit

In dieser Hausarbeit soll aufgezeigt werden, wie aus Big Data mit dem Einsatz von Anwendungen Smart Data wird und für welche Anwendungsbereiche sich ein Potenzial dafür ergeben kann. Außerdem wird auf die möglichen Hürden in Bezug auf Smart Data Anwendungen eingegangen. Die zentrale Leitfrage für die Arbeit lässt sich so formulieren, ob Smart Data einen höheren Nutzenwert erzielen kann als Big Data und ein qualitativ hochwertigeres Nutzen für Industrie und Wirtschaft darstellen kann.

2. Definition zentraler Begriffe

Um ein Grundverständnis über die Begriffsthematik zu erhalten, werden die zentralen Begriffe dieser Hausarbeit definiert. Diese setzen sich aus Big Data und Smart Data zusammen.

2.1 Big Data

Der Begriff Big Data feiert seine Herkunft aus dem Englisch sprachigen Raum. Der zu Anfang als Hype wahrgenommene Begriff umfasst zwei Aspekte. Zum einen die riesigen digitalen Datenmengen und zum anderen die Analyse und Auswertung dieser Daten. Big Data umfasst kurz gesagt alle Daten, die nicht manuell ausgewertet werden können. Jedoch gibt es nicht wirklich eine wissenschaftliche Definition für den Begriff, die sich bislang etabliert hat (vgl. Radtke/ Litzel, Was ist Big Data?, 2019).

Der Begriff Big bezieht sich in dem Kontext auf vier Dimensionen. Die erste Dimension ist Volume, was für den Umfang und die Datenmenge steht. An zweiter Stelle platziert sich der Begriff Variety. Er bezeichnet die Bandbreite der Datenquellen und -typen. Dann folgt die Dimension Veracity. Sie ist für die Glaubwürdigkeit und Wahrhaftigkeit der Daten zuständig. Die letzte Dimension bildet hierbei Velocity, was für die Geschwindigkeit der Datengenerierung und -transferierung steht (vgl. Christl, Kommerzielle Digitale Überwachung im Alltag, 2014, S. 12).

Außerdem gibt es noch zwei weitere Dimensionen, die jedoch mehr Anwendung im unternehmerischen Sinn finden. Dies sind die Dimensionen Value, der unternehmerische Mehrwert und Validity, was die Sicherstellung der Datenqualität umfasst (vgl. Salzig, Was ist Big Data?, 2016).

Das Ziel von Big Data ist es, mit neuen Technologien die gewonnenen Daten zu speichern, zu clustern und so weiter zu verarbeiten, dass man diese Daten sinnvoll darstellen und nutzen kann (vgl. o.A., Smart Data, 2017).

2.2 Smart Data

Smart Data ist die Weiterentwicklung, beziehungsweise eine Erweiterung des Big Data Bereiches. Hier liegt nicht mehr die Menge der Daten im Vordergrund, sondern das Smarte aussuchen dieser Daten. Also einen Nutzen daraus zu ziehen und sie auf intelligente Weise zu verarbeiten, um unmittelbar Wissen ableiten zu können und weiter zu verwenden. Hierbei wird der Fokus auf das Verstehen der Daten gesetzt und die anschließende sinnvolle Verwendung der Daten. Der Unterschied ergibt sich daraus, dass Big Data nur bestehende Daten analysiert. Smart Data geht einen Schritt weiter. Es sagt zusätzlich noch Daten vorher, versucht Zusammenhänge zu erklären warum etwas geschehen ist und ob es so nochmal eintreffen könnte. Effektiv bedeutet Smart Data, dass eine riesige Datenmenge anhand von intelligenter Filterung eingeschränkt und anschließend so strukturiert wird, dass es sinnvoll für die jeweilige Anforderung eingesetzt werden kann (vgl. o.A., Smart Data, 2017)(vgl. Smart-Data-Begleitforschung, Smart Data-Smart Pirvacy?, 2015, S. 4)

3. Big Data wird zu Smart Data

Der Weg von Big Data zu Smart Data beginnt bei der Datenerhebung. Hierbei werden riesige Datenmengen von Milliarden an Geräten erzeugt. Ob nun die Daten vom Smartphone, Social Media, Internet of Things oder der Industrie 4.0 erzeugt werden ist unrelevant. Ein Mehrwert kann nur dann geschaffen werden wenn es gelingt, die Daten preiswert zu speichern, auf flexible Weise zu befragen um Erkenntnisse zu gewinnen und zeitnah zur Verfügung zu stellen (vgl. Meinel/ Schneiss, Smart Data – Potenziale und Herausforderungen, 2015, S. 9). Sofern die Daten nicht eigenständig erhoben werden, kann die Datenbeschaffung ebenfalls durch unterschiedliche Open-Data-Repositorien erfolgen. Hierbei kann man zwischen globalen, kontinentalen, landesbezogenen und bereichsbezogenen Repositorien oder Portalen differenzieren. Als globales Repositorium kann für Forschungszwecke Re3data genannt werden. DBpedia fungiert als semantisches Netz und Datenbank für alle wikipedia.org Inhalte. Bezogen auf Deutsche Datenerhebungen ist beispielsweise RADAR zu erwähnen. Es ist ein Portal zur Veröffentlichung und Archivierung der Daten aus Forschungsprojekten. Die Herausforderung, die sich im Bereich der Datenerhebung ergibt, sind die unterschiedlichen Formate aus den unterschiedlichen Datenquellen. Dies macht es schwierig, Daten aus einer Vielzahl von Quellen für den Analyseprozess zu vereinen. Als Trend in der Datenerhebung zeichnen sich die In-Memory Datenspeicherung, sowie das NOMAD Repositorium ab (vgl. Smart Data Forum, Datenerhebung, 2017)

Der nächste Schritt in Richtung Smart Data ist das Datenmanagement. Dessen Aufgabe ist es, die unterschiedlichen Daten zu organisieren und die nötige Qualität zu generieren und zu erhalten. Die Wahl der Infrastruktur hat hierbei einen großen Einfluss auf die Datenqualität. Um die richtige Datenanalyse-Software auszuwählen müssen Volume, Velocity, Veracity und Variety der Big Data berücksichtigt werden. Die Datenverarbeitung über Open-Source-Instrumente kann entweder durch die Batch-Verarbeitung oder die Datenstromverarbeitung, auch als Streamverarbeitung bekannt, erfolgen. Bei der Batch-Verarbeitung werden große Datenmengen in Stapeln analysiert und über einen längeren Zeitraum gesammelt und anschließend zusammen verarbeitet. Der Zeitraum beträgt einige

Sekunden. Bei der Streamverarbeitung erfolgt die Datenverarbeitung in Echtzeit und somit der augenblickliche Erkenntnisgewinn für den Anwender. Hierbei fließen die Daten direkt nach der Generierung in das Analysesystem ein. Die Herausforderung in diesem Bereich stellt die Infrastruktur selbst dar. Schwierigkeiten für die Analyse ergeben sich entweder durch die mangelnde Skalierbarkeit oder die schwankenden Datenströme. Werden nun zusätzliche Netzwerkkapazitäten freigesetzt, so werden die vorangegangen Probleme gelöst. Diese neuen Funktionen führen jedoch zu einer steigenden Anforderung an die Systemleistung und dies führt wiederum zu anderen, neuen Herausforderungen (vgl. Smart Data Forum, Datenmanagement, 2017).

Die Datenanalyse stellt auf dem Weg zur Smart Data die vorletzte Station dar. Sie befasst sich damit, aus den zuvor erhobenen und gemanagten heterogenen Daten, wertvolle und sinnvolle Erkenntnisse zu gewinnen. Nach der Analyse werden die Ergebnisse ausführlich visualisiert, um schlussendlich aussagekräftige und anwendungsfähige Informationen darzustellen. In diesem Schritt wird zum ersten Mal ein Potential aus den Daten herausgearbeitet. Dieses Wissen und Potenzial dienen den Unternehmen dazu, intelligentere Entscheidungen treffen zu können. Dies soll in allen Bereichen die Effizienz der Entscheidungen erhöhen sowie Kosten senken. Das Erstreben einer höheren Produkt- und Dienstleistungsqualität steht ebenfalls im Fokus. Bei der Datenanalyse ist der Begriff Machine Learning zu erwähnen. Hier ist es das Ziel, das Maschinen selbstständig Entscheidungen treffen, ohne einen menschlichen Eingriff (Programmierung). Dies ist möglich, indem Computer Muster erkennen und Informationen extrahieren. Diese Algorithmen müssen durch Datenrepositorien trainiert werden. Das sogenannte Deep Learning ist in diesem Bereich einer der wichtigsten Anwendungen und benötigt diese Datenrepositorien, welche beispielsweise Caffe, Theano oder auch Torch sind. Ziel des Machine & Deep Learnings ist es, dass Maschinen sich selbstständig weiterentwickeln und verbessern. Anwendungsbereiche des Machine Learning Prozesses können Stimmungsanalysen, personalisierte Medizin oder auch autonom fahrenden Autos sein. Herausforderungen in Bezug zur Analyse der Daten stellen in diesem Bereich die Skalierbarkeit und die unstrukturierten Daten dar. Die Skalierbarkeit ist in der Analyse ein Problem, da es schwierig ist zu definieren und festzulegen, wie verschiedene Aufgaben ausgeführt werden sollen. Die Umformung sämtlicher unstrukturierten Daten in strukturierte Daten ist bislang nur Teils möglich. Diese Datenhomogenität kann zu fehlerhaften

Schlussfolgerungen führen. Um Abhilfe zu schaffen, müsste ein System entwickelt werden was sich adaptiv verhält, sich somit an die verändernden Bedingungen selbstständig anpasst (vgl. Smart Data Forum, Datenanalyse, 2017). Als Trends erweist sich in diesem Bereich das Knowledge Discovery. Das Knowledge Discovery, kurz KDD, soll bislang unbekannte fachliche Zusammenhänge aus symbolischen Daten verschiedener Kategorien sowie physikalischen Daten erkennen und herstellen. Die Teilschritte des KDD-Prozesses sind die Bereitstellung von Hintergrundwissen, die Definition der Data-Mining-Aufgabe, die Datenvorverarbeitung, die Codierung, das Data-Mining, die Modellvalidierung, die Decodierung, die Filterung und schlussendlich die Präsentation der Ergebnisse (vgl. Siepermann, Knowledge Discovery in Databases, 2018).

Der letzte Schritt zu Smart Data ist die Datenvisualisierung und die anschließende Benutzerinteraktion. Im Fokus steht in diesem Schritt eine Verknüpfung des analytischen Potenzials zwischen Mensch und Computer. Dies ist nur durch eine Kombination aus einer rechnergestützten Datenanalyse und einer interaktiven Visualisierungstechnik möglich. So ist Augmented Reality (AR) ein perfektes Beispiel für die Schnittstelle zwischen Mensch und Computer. Bisher ist es eher im Privatbereich bekannt, so spielt aber Augmented Reality in allen anderen Bereichen eine große Rolle (vgl. Smart Data Forum, Datenvisualisierung und Benutzerinteraktion, 2017). So sind die mittlerweile im Premium-Autobereich als Standard eingebauten Head-Up-Displays die Schnittstelle der Interaktion des Menschen mit dem Computer. Zudem gibt es auch die Mixed Reality, was bislang aber noch eher als Zukunftsvision gilt. Hier ist die Schnittstelle ein Headset, was dauerhaft getragen wird und Informationen sowie Gegenstände in das Sichtfeld des Nutzers einblenden soll. Hierbei soll eine Verschmelzung der physischen und digitalen Elemente entstehen. Diese Mixed Reality wird bereits von Microsoft oder Magic Leap eingesetzt. Die Microsoft HoloLens ist ein Vorreiter dafür, wie Mixed Reality in Zukunft aussehen und funktionieren kann (vgl. Tißler, Augmented und Mixed Reality, 2018).

Abbildung 1: Augmented Reality

Quelle: o. A., Mehr Sicherheit beim Autofahren, 2019

Abbildung 2: Mixed Reality

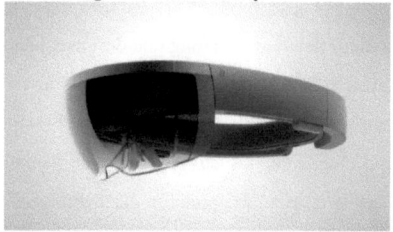

Quelle: Tißler, Augmented und Mixed Reality, 2018

Die Schwierigkeit, die sich im Bereich der Visualisierung ergibt, ist die Kommunikation zwischen dem Menschen und der Maschine. Die Maschine muss sowohl verbale als auch nonverbale Interaktionen des Bedieners verstehen können, um auf die Absichten des Anwenders reagieren zu können. Betrachtet auf den Anwender, muss dieser ebenfalls wissen, was die Maschine „denkt". Außerdem fällt auch wieder das Stichwort Machine Learning. So muss die Maschine im Stande sein, ohne großen Programmieraufwand, sich an das im Lauf der Zeit verändernde Nutzerverhalten anpassen zu können. Ein Trend in diesem Bereich ist das Co-adaptive Lernen, welches das autonome Lernen voranbringen soll. Hier ergibt sich eine Kombination von Mensch und Maschine als gemeinsames Lernsystem. Ziel ist die Anpassung aneinander sowie die Effizienzsteigerung der Interaktion zur Verfolgung gemeinsamer Ziele. Ein Beispiel sind Chatbots, die uns allen mittlerweile bekannt sind. Hier wird ein Servicechat durch einen Computer geführt, der die menschliche Kommunikation nachahmt. Die Basis für die Kommunikation stellt eine natürliche Sprachverarbeitung dar. Ebenfalls hat sich auch das Natural Language Understanding, kurz NLU, als Trend etabliert. Es soll dem Computer ermöglichen Gespräche zu verstehen und die enthaltenen Informationen sowie die Bedeutung des Gespräches zu extrahieren (vgl. Smart Data Forum, Datenvisualisierung und Benutzerinteraktion, 2017).

Abbildung 3: Big Data wird zu Smart Data

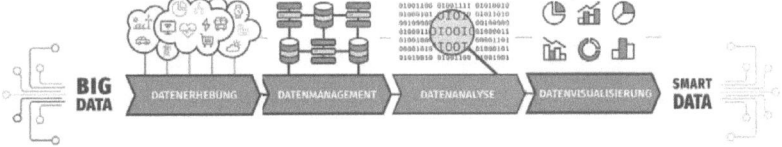

Quelle: Smart Data Forum, Big Data & Smart Data, 2017

4. Herausforderungen an Smart Data

Die Integration dieser intelligenten Technologien bringen für ein Unternehmen viele Vorteile mit sich, stellt aber das Unternehmen hinsichtlich der Sicherheit und dem rechtlichen Rahmen wieder vor neue Herausforderungen.

4.1 Datensicherheit

Smart Data benötigt große Datenmengen sowie eine hohe Rechnerleistung, um die Analysen in Echtzeit durchführen zu können. Diese Voraussetzungsmerkmale bietet ein Cloud-System. Die Anwendung eines Cloud-Systems, geschuldet durch die dezentrale Speicherung und der Kommunikationsbeziehung, bietet jedoch ein erhöhtes Angriffsrisiko. Als Lösung könnte hier die sogenannte Trusted-Cloud eingesetzt werden. Durch eine modular gestaltete Auftragsdatenverarbeitung und die Zertifizierung eines ausreichenden Schutzmechanismus, können Cloud-Betreiber ein höheres Schutzniveau gewährleisten und eine Trusted-Cloud anbieten (vgl. Smart-Data-Begleitforschung, Smart Data – Smart Privacy?, 2015, S.11)

Nicht nur die Datenspeicherung bietet Angriffspotential. Eine ebenso große Gefahr geht von der Datenerhebung aus. So stellen veraltete Geräte und Anlagen, veraltete Software sowie die Einstellung von Updates für Geräte ein Gefahrenpotential dar. Um diese Gefahren auszumerzen, wird verstärkt auf IoT-Sicherheit (Internet of Things) gesetzt. Für den dauerhaften Schutz der Daten bedarf es einer regelmäßigen Softwareaktualisierung, der Kontrolle und Einschränkung von Zugriffen auf Netzwerke und dem Einsatz geeigneter Authentifizierungsmaßnahmen. Um diese Maßnahmen effektiv umsetzen zu können, müssen nicht nur die Geräte dies technisch ermöglichen, sondern auch die Anwender effektiv in das Sicherheitskonzept integriert werden (vgl. Smart Data Forum, Datensicherheit, 2017).

4.2 Rechtlicher Rahmen

Geschuldet dadurch, dass sich die digitalen Technologien ständig weiterentwickeln, muss auch stets der rechtliche und ethische Rahmen überprüft und angepasst werden. Es stellt sich die Frage, wie Analytics trotz des Konflikts zwischen Big Data und dem Grundrecht auf Datenschutz genutzt werden kann, ohne dieses digitale Grundschutzrecht zu verletzen oder aufzugeben. Grundlegende Herausforderung hierbei ist es, die allgemeinen Regelungen der Europäischen DS-GVO (Datenschutz-Grundverordnung), sowie der Regelung zum Profiling nach Artikel 22 auf den konkreten Anwendungsfalls anzuwenden und herunterzubrechen. Diese notwendigen rechtlichen Rahmenbedingungen für den jeweiligen Anwendungsfall kann zum Beispiel die Anfertigung von Einwilligungstexten, die Gestaltung von Optionsverfahren oder auch die Wahl der richtigen Auswertungsstrategie sein. Zudem muss auch eine rechtliche, technisch-organisatorische und prozedurale Ausarbeitung für den jeweiligen Use Case erfolgen. Dabei muss man sich natürlich immer in den Rahmenbedingungen der DS-GVO bewegen (vgl. Smart-Data-Begleitforschung, Smart Data – Smart Solutions, 2018, S. 6).

Eine weitere Schwierigkeit in Bezug zum Rechtsrahmen kann durch mögliche diskriminierende Ergebnisse durch die Auswertung von Massendaten in sozialer oder wirtschaftlicher Form erfolgen. Des Weiteren muss das geistige Eigentumsrecht sichergestellt werden. Aufgrund der Anwendung von Technologien, die die Schnittstelle Computer und Mensch vereinen, wird in die private Lebensgestaltung eingegriffen. Hierzu werden Gedanken, Gefühle sowie Stimmungen erfasst, gespeichert und ausgewertet. Deshalb muss in diesem Bereich ebenfalls eine spezifizierte Ausarbeitung für den jeweiligen Anwendungsfall erfolgen, umgesetzt und erprobt werden, um das geistige Eigentumsrecht nicht zu verletzen (vgl. Smart-Data-Begleitforschung, Smart Data – Smart Solutions, 2018, S. 6) (vgl. Smart Data Forum, Rechtlicher Rahmen, 2017).

5. Potenzielle Anwendungsbereiche

Wie bereits erwähnt, birgt Smart Data einen enormen Nutzenzugewinn zu der bisherigen Big-Data-Methode. Da Smart Data in vielen Bereichen zukünftig eine Rolle spielen wird, oder bereits schon spielt, werden lediglich die 3 Bereiche mit dem größten Potenzial aufgezeigt. Im anschließenden Abschnitt wird der Smart Energy Bereich, der Smart Mobility Bereich und die Industrie 4.0 mit jeweiligen Projektanwendungen vorgestellt und erläutert.

5.1 Smart Energy

Die Smarte Energie bildet das Hauptsystem und setzt sich aus den intelligenten Technologien der Bereiche der Energieerzeugung, der Energiespeicherung, der Energieverteilung und der Verbrauchssteuerung zusammen (vgl. o.A., Smart Energy, 2018). Um jedoch Smarte Energie, bezogen auf Deutschland, zu schaffen, muss dafür das bisherige System intelligenter gestaltet werden. Das System umfasst Erzeugung, Speicherung, Verteilung und den Verbrauch. Hierzu wird das „Internet der Energien" benötigt, hervorgebracht durch das Technologieprogramm „E-Energie – Smart Energy Made in Germany", um die zahlreichen Anlagen und Akteure des Energiesystems miteinander vernetzen zu können. In Zukunft soll jedes Gerät, welches an das Stromnetz angeschlossen wird, durch Plug-and-play in das Regelsystem aufgenommen werden. Dadurch wird automatisch eine Verbindung zum Gesamtsystem aufgebaut. Dieses Gesamtsystem soll die Geräte mit den notwendigen Informationen versorgen um Erzeugung, Netzbetrieb und Verbrauch automatisch aufeinander abstimmen zu können. Es kann ein völlig neues integriertes Daten- und Energienetz entstehen, welches zu neuen Strukturen und Funktionalitäten in Bezug auf Smart Energy führt (vgl. Bundesministerium für Wirtschaft und Energie, Smart Energy made in Germany, 2014, S.54).

Ein Beispielprojekt aus dem Technologieprogramm „E-Energie – Smart Energy Made in Germany", ist das Projekt Smart Watts. Ziel in diesem Smart Energy Projekt ist es, ein Informations- und Steuerungsmodell für das Energiesystem zu schaffen. Hier sollen Marktakteure in Live-Daten ihre Ist-Erzeugung von Strom und den Verbrauch mittels Kommunikationsgeräten erhalten. Durch ein intelligentes Versorgungsmanagement soll die Steuerung sowie die Optimierung des Erzeugens und Verbrauchens von Strom erfolgen. Durch dieses anreizbasierte System können sowohl die Einspeisung und der

Verbrauch, als auch das Angebot und die Nachfrage gezielt beeinflusst werden. Die Preis-gestaltung für die Erzeugung und den Verbrauch von Strom wird dabei dynamisch ge-staltet. Im Smart Home kann es den Verbraucher soweit beeinflussen, dass er seinen Ener-gieverbrauch entweder manuell oder automatisiert an die günstigsten Zeiträume anpasst. Durch die mit Smart Meter erhobenen Verbrauchsdaten können variable Tarife und fle-xible Abrechnungssysteme eingeführt werden. Somit kann es zu Angebotsgestaltungen kommen, die ein energiesparendes Verhalten anregen sollen (vgl. Bundesministerium für Wirtschaft und Energie, Smart Energy made in Germany, 2014, S.30).

Abbildung 4: Smart Watts Bedienoberfläche

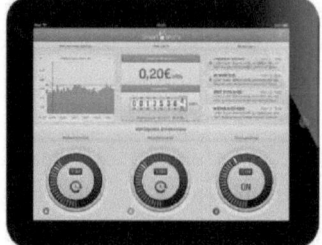

Quelle: Bundesministerium für Wirtschaft und Energie, Smart Energy made in Germany, 2014, S.30

5.2 Smart Mobility

Einen Bereich mit großem Optimierungspotenzial bildet Smart Mobility. Obwohl sich in den letzten Jahren schon viele smarte Systeme in Fahrzeugen durchgesetzt haben, wie beispielsweise der Spurhalteassistent oder auch der automatisierte Notfallanruf, bietet der Bereich noch größeres Potenzial. Trotz der rasanten Entwicklung eines digitalisierten Systems, erfordert beispielsweise das autonome Fahren noch eine deutliche Verbesserung der Infrastruktur. Dies umfasst sowohl die Sensorik, die Netzabdeckung, den Breitband-zugang sowie eine niedrige Latenzzeit. Mit der Weiterentwicklung und dem Fortschritt mit Smart Data Systemen ist es nur noch eine Frage der Zeit bis die optimale Umsetzung erfolgen kann. Durch die Einführung des 5G-Standards erfolgt zukünftig in Deutschland ein wichtiger Schritt in die richtige Richtung. Dadurch wird es möglich sein Daten in Echtzeit zu übertragen. Dies legt einen weiteren Grundstein für die Smart Mobility sowie das autonome Fahren (vgl. Smart Data Forum, Smart Mobility, 2017).

Eine potenzielle Anwendung im Smart Mobility Bereich ist beispielsweise das Mobility-on-Demand. Hierbei wird es dem Nutzer möglich gemacht, kurzfristig und individuell unabhängig vom aktuellen Standort ein Verkehrsmittel zu bestellen und dieses auch papierlos zu bezahlen. Anwendung findet dieses Modell bereits durch das schwedische Start-Up UbiGo, was durch das Projekt Go-Smart unterstützt und mitentwickelt wird. Dabei handelt es sich um ein sogenanntes MaaS Angebot (Mobility-as-a-Service Angebot). UbiGo stellt eine digitale Plattform in Form einer App zur Verfügung. Die Abwicklung der Buchungs-, Bezahl- und Abrufinformationen bezüglich Dauer, Kilometer, Verkehrsmittel und Wegstrecke laufen über die App. Ziel soll es sein, durch eine Kombination aus unterschiedlichen Verkehrsmitteln, schnellstmöglich an sein Ziel zu gelangen. Ob es nun eine Kombination aus Bahn, U-Bahn, E-Bike, Auto oder E-Scooter ist, ist dabei abhängig vom Benutzer. Dieser kann Angaben darüber machen, ob er nun schnellstmöglich, am komfortabelsten oder Sonstiges an sein Ziel gelangen möchte. Es gibt zudem viele weitere Mobility-as-a-Service Konzepte, die in Zukunft auch einen enormen Einfluss auf die Weiterentwicklung in der Smart Mobility sowie auf unseren Fußabdruck in der Umwelt haben werden (vgl. Flügge, Smart Mobility, 2016, S.212ff)

Abbildung 5: Fahrkombination UbiGo

Quelle: UbiGo App

5.3 Industrie 4.0

Der letzte betrachtete Anwendungsbereich von Smart Data ist die Industrie 4.0. Das „Internet der Dinge" erobert weiter die Produktionshallen und Versorgungsnetzwerke. Durch die digitale Intelligenz kann Smart Data in die verschiedensten Bereiche der Wertschöpfungskette integriert werden. Aufgrund der hohen Komplexität, geschuldet durch eine hochautomatisierte Produktion, können die Prozesse in der Produktion kaum noch manuell überprüft werden. Durch die Integration von Smart Data können die Qualität, die Effektivität und die Produktivität weiter verbessert werden. Smart Data kann beispielsweise die Erweiterung des Produktportfolios, eine Optimierung der Produktionszuverlässigkeit oder auch das Entwickeln neuer Geschäftsmodelle vorantreiben (vgl. Freitag/ Van Poele/ Mayr, Smart Data und Big Data für Industrie 4.0, o.J.) (vgl. Smart Data Forum, Industrie 4.0, 2017).

Durch die Integration von Datenstromanalysen in Echtzeit können Verschleißerscheinungen an Maschinen erkannt und Produktionsausfälle frühzeitig verhindert werden. Des Weiteren liefert die Datenstromanalyse auch bedeutende Erkenntnisse für zukünftige Prozessoptimierungen sowie eine verbesserte Kapazitätsauslastung. Die Anwendung von Smart Data Analytics und Industrie 4.0 findet bereits im BMW Werk München statt. Als Resultat kommt es zur ständigen Weiterentwicklung des Produktionssystems. Die intelligenten Datenanalysen aus allen Fertigungsbereichen und der Logistik tragen einen fundamentalen Beitrag zur stetigen Verbesserung der Qualität bei. Konkrete Anwendung ist eine Vorausschauende Instandhaltung von Robotern, Schweißwerkzeugen und auch Antrieben im Karosseriebau. Durch den Einsatz von Smart Data Analytics und den eingebauten Sensoren in Fertigungswerkzeugen, kann ein genauer Stand des Verschleißes und eine exakte Prognose der Instandhaltung herbeigeführt werden. Produktionsausfälle und Anlagenstillstand kann dadurch vorhergesehen und effektiv verhindert werden. Des Weiteren werden auch durch den Einsatz von Sensoren in den Schraubwerkzeugen wichtige Daten erhoben, um noch zuverlässiger Fehler vermeiden zu können. Da Schraubverbindungen in der Automobilproduktion elementar sind, birgt dies auch ein enormes Optimierungspotenzial. So werden anhand der erhobenen Schraubprozessdaten Fehlerquellen ermittelt und durch die gewonnenen Erkenntnisse der Mitarbeiter auf mögliche Fehlerquellen durch Schulungen sensibilisiert (vgl. BMW Group, Smart Data Analytics, 2017).

Abbildung 6: Sensorik BMW Group

Quelle: BMW Group, Smart Data Analytics, 2017

6. Handlungsempfehlung

Die Integration von Smart-Data-Innovationen für die Entwicklung markttauglicher High-Tech-Technologien befindet sich zwar noch in einem frühen Stadium, hat aber bereits einen starken Einfluss auf Wirtschaft und Industrie. Die Grundfrage dieser Arbeit bezog sich darauf, ob Smart Data einen höheren Nutzenwert gegenüber Big Data erzielen kann. Diese Grundfrage kann aufgrund der vorangegangenen Ausarbeitung bejaht werden. Durch die Aufarbeitung der Daten und den perfekten Zuschnitt auf die jeweilige Anforderung erhöht dies in allen Bereichen sowohl die Qualität als auch die Zuverlässigkeit der Daten. Es können Prognosen erstellt werden, Szenarien durchgespielt werden und dies sind nur einige der wenigen Vorteile die Smart Data mit sich bringt. Dennoch muss beachtet werden, dass der Weg von Big Data zu Smart Data aufwendig ist und gewisse rechtliche und datensicherheitstechnische Herausforderungen birgt. So sollte man den bewussten und sicheren Umgang mit Daten sowie den Ausbau von Cyber-Abwehr-Strategien weiter vorantreiben. Im Vergleich zu den Herausforderungen, überwiegt der Nutzenzugewinn von Smart Data sowohl für den Privatverbraucher als auch für die Wirtschaft. Da Daten über die gesamte Wertschöpfungskette entstehen ist es eine Pflicht, diese Daten sinnvoll einzusetzen und daraus einen Nutzen zu erzielen. Schlussendlich sollten Industrie und Wirtschaft weiterhin die Potenziale die Smart Data bietet nutzen und deren Entwicklung entscheidend vorantreiben.

7. Schluss

Zu Beginn dieser Hausarbeit wurden die zentralen Begriffe dieser Arbeit definiert. Dies soll dem Leser ein Grundverständnis über die Thematik verschaffen. Der Begriff Big Data steht zum einen für riesige, digitale Datenmengen und zum anderen für die Analyse und Auswertung der Daten. Die sogenannten 4 V's bilden die Dimensionen von Big Data ab. Diese sind Volume, Variety, Veracity und Velocity. Der Begriff Smart Data kann als die Weiterentwicklung von Big Data angesehen werden. Hier steht die Qualität und nicht die Quantität der Daten im Vordergrund. Dieses smarte aussuchen wird durch die intelligente Analyse und Filterung der Daten ermöglicht. Im Gliederungspunkt 3. Big Data wird zu Smart Data wird das Verfahren aufgezeigt, wie Smart Data aus Big Data entsteht. Der erste Schritt dieser Transformation der Daten beginnt mit der Datenerhebung. Hierbei werden Daten aus unterschiedlichsten Quellen erhoben und in unterschiedlichen Open-Data-Repositorien zusammengeführt. Der 2te Schritt hin zu Smart Data ist das Datenmanagement. Hierbei spielt die Auswahl der Verarbeitung, der Infrastruktur, der Datenanalysesoftware sowie die Steuerung der Organisation der Daten die Hauptrolle. In der vorletzten Stufe der Transformation zu Smart Data kommt die Datenanalyse zum Einsatz. Hier sollen die erhobenen Daten so analysiert werden, dass daraus sinnvolle Erkenntnisse gewonnen werden können. Diese Erkenntnisse werden visualisiert um anwendungsfähige Informationen darzustellen. Hier wird das Machine Learning eingesetzt. Ziel ist es dabei, das Maschinen selbstständige Entscheidungen treffen, ohne menschliche Eingriffe. Als letzter Schritt kommt die Datenvisualisierung und Benutzerinteraktion ins Spiel. Hier kommt es zur Verknüpfung zwischen Mensch und Maschine. Durch die Kombination der rechnergestützten Datenanalyse und einer interaktiven Visualisierungstechnik können beispielsweise Anwendungen wie Augmented Reality oder Mixed Reality entstehen.

Betrachtet man die Herausforderungen von Smart Data, so kommt man an dem Thema der Datensicherheit nicht vorbei. Für eine effektive Gewinnung von Smart Data werden Cloud-Systeme benötigt. Durch die dezentrale Speicherung der Daten auf cloudbasierten Systemen besteht ein erhöhtes Angriffsrisiko. Dieses Risiko kann durch Trusted-Clouds reduziert werden. Bereits bei der Datenerhebung sollte die Datensicherheit im Vordergrund stehen. Mögliche Verbesserungen für die Gefahrenreduzierung sind IoT-Sicherheit, Softwareaktualisierungen, Authentifizierungsmaßnahmen und ein Anwender, welcher in ein Sicherheitskonzept integriert wird.

Eine weitere Herausforderung für Smart Data stellt der rechtliche Rahmen dar, in Bezug auf die DS-GVO und den Artikel 22. So muss für jede Smart Data Anwendung eine zugeschnittene rechtliche und technische Ausarbeitung erfolgen, die sich im Rahmen der DS-GVO bewegt. Des Weiteren kann auch das Ergebnis selbst ein rechtliches Problem darstellen. Bei der Auswertung von Massendaten kann es beispielsweise zu diskriminierende Ergebnissen kommen.

Im Punkt 5. Potenzielle Anwendungsbereiche wird zu Beginn der Smart Energy Bereich betrachtet. Smart Energy umfasst die Bereiche Energieerzeugung, Energiespeicherung, Energieverteilung und Verbrauchssteuerung. In Deutschland ist Smart Energy auf dem Vormarsch und wird durch das Bundesweite Förderprogramm „E-Energie – Smart Energy Made in Germany" vorangetrieben. Als Praxisbezug wurde das Projekt Smart Watts betrachtet, welches als Ziel die Einführung eines Informations- und Steuerungsmodells für das Energiesystem hat.

Punkt 5.2 behandelt das Thema Smart Mobility. Durch den Einsatz von Smart Data konnte in den letzten Jahren ein großer Fortschritt erzielt werden. Ausbaufähig ist der Bereich in den Punkten Sensorik, Netzabdeckung, Breitbandzugang, einer niedrigen Latenzzeit sowie der Einführung eines 5G-Standards für die notwendige Echtzeitübertragung der Daten. Als Praxisbeispiel fungierte der Bereich Mobility-on-Demand mit dem schwedischen Start-Up UbiGo. Ziel ist es, den Nutzer kurzfristig und individuell, unabhängig vom aktuellen Standort durch eine Kombination von Verkehrsmitteln möglichst schnell und bargeldlos an das Ziel zu bringen.

Der letzte Bereich bildet die Industrie 4.0. Hierbei soll die digitale Intelligenz in die Produktionshallen und Versorgungsnetzwerke integriert werden. Dadurch soll ein enormer Nutzenvorteil für die Unternehmen, der durch Menschen nicht hervorgebracht werden könnte, erzeugt werden. Als Praxisbezug wird das Unternehmen BMW herangezogen. Durch die Integration von Datenstromanalysen und Sensoren können Verschleißerscheinungen analysiert und eine vorrausschauende Instandhaltung ermöglicht werden. Die so erhobenen Daten könne für das Training der Mitarbeiter eingesetzt werden.

Das Potenzial von Smart Data, rasant anwachsenden Datenberge effektiv auszuschöpfen und ein optimales Ergebnis zu erzielen ist unumstritten. Es ist gespannt abzuwarten, was

Smart Data in den Bereichen indem bislang Big Data noch regiert, zukünftig für Verbesserungspotenzial aufzeigen wird.

18

Literaturverzeichnis

Beier (2018): Von Big Data zu Smart Data – Daten mit Sinn und Verstand, <https://rele-mind.com/von-big-data-zu-smart-data/> (01.04.2018) [Zugriff 2019-11-15 14:39, MESZ]

BMW Group (2017): Smart Data Analytics: Die BMW Group setzt auf intelligente Nutzung von Produktionsdaten für effiziente Prozesse und Premiumqualität <https://www.press.bmwgroup.com/deutschland/article/detail/T0273931DE/smart-data-analytics:-die-bmw-group-setzt-auf-intelligente-nutzung-von-produktionsdaten-fuer-effiziente-prozesse-und-premiumqualitaet?language=de> (31.08.2017) [Zugriff 2019-11-15 16:08, MESZ]

Bräutigam (2014): Daten sind das Öl des 21. Jahrhunderts, <https://www.der-deutsche-innovationspreis.de/daten-sind-das-oel-des-21-jahrhunderts/> (13,01,2014) [Zugriff 2019-11-15 14:25, MESZ]

Bundesministerium für Wirtschaft und Energie (2017): Smart Data–Innovationen aus Daten, <https://www.bmwi.de/Redaktion/DE/Artikel/Digitale-Welt/smart-data.html> (01.11.2017) [Zugriff 2019-11-15 14:30, MESZ]

Bundesministerium für Wirtschaft und Energie (2017): Smart Data–Innovationen aus Daten, Bundesministerium für Wirtschaft und Energie, November 2017

Bundesministerium für Wirtschaft und Energie (2014): Smart Energy made in Germany: Erkenntnisse zum Aufbau und zur Nutzung intelligenter Energiesysteme im Rahmen der Energiewende, Bundesministerium für Wirtschaft und Energie, Mai 2014

Christl (2014): Kommerzielle digitale Überwachung im Alltag, Studie im Auftrag der Bundesarbeitskammer, November 2014

Flügge (2016): Smart Mobility: Trends, Konzepte, Best Practices für die intelligente Mobilität, Springer Fachmedien Wiesbaden, 2016

Freitag/ Van Poele/ Mayr (o.J.): Smart Data und Big Data für Industrie 4.0, <https://www.bigdata.fraunhofer.de/de/datascientist/BranchenspezifischeSchulungen/smart_data_big_data_industrie4_0.html> [Zugriff 2019-11-15 16:03, MESZ]

Meinel/ Schneiss (2015): Smart Data – Potenziale und Herausforderungen, Nationaler IT Gipfel, Dezember 2015

Radtke/ Litzel (2019): Was ist Big Data?, <https://www.bigdata-insider.de/was-ist-big-data-a-562440/> , (01.02.2019) [Zugriff 2019-11-15 14:41, MESZ]

Salzig (2016): Was ist Big Data? – Eine Definition mit fünf V, <https://www.unbelievable-machine.com/was-ist-big-data-eine-definition-mit-funf-v/> (04.05.2016) [Zugriff 2019-11-15 14:51, MESZ]

Smart-Data-Begleitforschung (2015): Smart Data-Smart Privacy?, Smart-Data-Begleitforschung FZI Forschungszentrum Informatik, November 2015

Smart Data Forum (2017): Datenerhebung, < https://smartdataforum.de/smart-data/smart-data-technologien/datenerhebung/> [Zugriff 2019-11-15 15:09, MESZ]

Smart Data Forum (2017): Datenmanagement, <https://smartdataforum.de/smart-data/smart-data-technologien/infrastruktur/> [Zugriff 2019-11-15 15:11, MESZ]

Smart Data Forum (2017): Datenanalyse, < https://smartdataforum.de/smart-data/smart-data-technologien/analyse/> [Zugriff 2019-11-15 15:13, MESZ]

Smart Data Forum (2017): Datenvisualisierung und Benutzerinteraktion, <

https://smartdataforum.de/smart-data/smart-data-technologien/mensch-maschine-interaktion/> [Zugriff 2019-11-15 15:14, MESZ]

Smart Data Forum (2017): Rechtlicher Rahmen, < https://smartdataforum.de/smart-data/smart-data-governance/rechtlicher-rahmen/> [Zugriff 2019-11-15 15:28, MESZ]

Smart Data Forum (2017): Datensicherheit, <https://smartdataforum.de/smart-data/smart-data-governance/sicherheit/> [Zugriff 2019-11-15 15:29, MESZ]

Siepermann (2018): Knowledge Discovery in Databases, <https://wirtschaftslexikon.gabler.de/definition/knowledge-discovery-databases-kdd-40959/version-264332> (19.02.2018) [Zugriff 2019-11-15 15:19, MESZ]

Smart-Data-Begleitforschung (2018): Smart Data – Smart Solutions, Smart-Data-Begleitforschung FZI Forschungszentrum Informatik, Mai 2018

Smart Data Forum (2017): Smart Mobility <https://smartdataforum.de/smart-data/smart-data-anwendungen/smart-mobility/> [Zugriff 2019-11-15 15:59, MESZ]

Smart Data Forum (2017): Industrie 4.0 <https://smartdataforum.de/smart-data/smart-data-anwendungen/industrie-4-0/> [Zugriff 2019-11-15 16:05, MESZ]

Tißler (2018): Augmented und Mixed Reality: Beispiele, Anwendungen, Potenziale, <https://upload-magazin.de/blog/18436-augmented-und-mixed-reality/ > (20.06.2018) [Zugriff 2019-11-15 15:24, MESZ]

o.A. (2017): Smart Data, <https://www.mso-digital.de/wiki/smart-data/> (22.09.2017) [Zugriff 2019-11-15 14:57, MESZ]

o.A. (2018): Smart Energy, <https://www.itwissen.info/Smart-Energy-smart-energy.html> (27.12.2018) [Zugriff 2019-11-15 16:15, MESZ]

BEI GRIN MACHT SICH IHR
WISSEN BEZAHLT

- Wir veröffentlichen Ihre Hausarbeit,
  Bachelor- und Masterarbeit

- Ihr eigenes eBook und Buch -
  weltweit in allen wichtigen Shops

- Verdienen Sie an jedem Verkauf

Jetzt bei www.GRIN.com hochladen
und kostenlos publizieren